Mehr über unsere Bücher, Autor*innen und Ilustrator*innen auf:
www.thienemann-esslinger.de

Anna Lott/Christa Kempter/Birgit Antoni:
Schau mal, es weihnachtet!
ISBN 978-3-480-23825-5

Einbandtypografie: Tanja Haaf
Innentypografie: Tanja Haaf
Reproduktion: Schwabenrepro GmbH, Fellbach
Druck und Bindung: Livonia Print, Riga

FSC
www.fsc.org

MIX
Papier | Fördert
gute Waldnutzung
FSC® C002795

Anna Lott · Birgit Antoni

Schau mal, es weihnachtet!

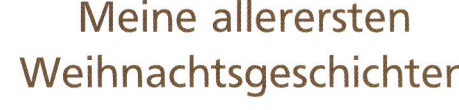

Meine allerersten
Weihnachtsgeschichten

esslinger

Inhalt

⭐1 Mias Adventskalender

Mama hat einen Adventskalender gebastelt.
Sie hat 24 bunte Säckchen genäht und sie
an einer langen Schnur aufgehängt. In jedem
Säckchen steckt eine kleine Überraschung.

Vor dem Einschlafen denkt Mia: ‚Ich könnte
doch schon mal reinschauen. Oder fühlen,
was darin ist.'
Sie schleicht in den dunklen Flur.
Plötzlich geht das Licht an.

„Nanu, Mia! Was machst du denn hier?", fragt Mama erstaunt.

„Ich wollte mir nur den schönen Adventskalender anschauen", sagt Mia.

Mama lacht. „Bis morgen musst du schon noch warten. Dann ist Dezember und du darfst das erste Säckchen aufmachen."

2 ⭐ Plätzchen für Teddy Fritz

Mama hängt gerade Wäsche im Keller auf.

Schnell holt Leonie die Dose mit den leckeren Nusskringeln.

„Jetzt bekommst du was Gutes", sagt Leonie zu Teddy Fritz.

„Wo du doch so lange krank warst!" Ein Nusskringel für den Teddy,

ein Nusskringel für Leonie … so gut haben die Plätzchen

ja noch nie geschmeckt.

Als Mama ins Kinderzimmer kommt, sind nur noch
drei Nusskringel in der Dose.

„Aber Leonie, die waren doch für den ersten Advent!",
sagt Mama.

„Der arme Fritz war so dünn geworden", erklärt Leonie.

„Jetzt sieht er schon viel besser aus."

„Soso", meint Mama. „Dann muss ich wohl neue
Nusskringel backen. Wenn du mir hilfst,
geht das ganz schnell."

„Klar", ruft Leonie.

„Und Fritz hilft auch mit!"

3   Zwei schaumige Weihnachtsmänner

Max und Lene sitzen in der Badewanne. Das Wasser duftet herrlich nach Himbeeren und obendrauf sind viele, viele Berge aus weißem Schaum. Max pustet hinein und der Schaum wirbelt hoch in die Luft.

„Es schneit!", ruft Lene begeistert. Sie nimmt ein bisschen Schaum und setzt ihn Max auf den Kopf. Jetzt hat Max weiße Haare. Lene nimmt noch mehr Schaum und hängt ihn Max ans Kinn. Da beginnt sie zu kichern und ruft: „Max, jetzt bist du der Weihnachtsmann!"

Max nimmt ebenfalls ein wenig Schaum und setzt ihn Lene auf den Kopf. Und ein bisschen hängt er Lene ans Kinn.

„Und du bist die Weihnachtsfrau. Mit Bart!", fügt er hinzu.

Da muss Lene noch mehr kichern. Und Max ebenso.

Was für ein Weihnachts-Badespaß!

4 Der Schneemann

Eins, zwei, drei,

rollt die Kugeln schnell herbei!

Dick und rund die eine,

das sind die Beine.

Die nächste flink drauf drücken,

das ist der Rücken.

Dann die kleinste, klopf, klopf, klopf,

das ist der Kopf.

Mit Augen, Nase, Mund

ist der Schneemann kerngesund!

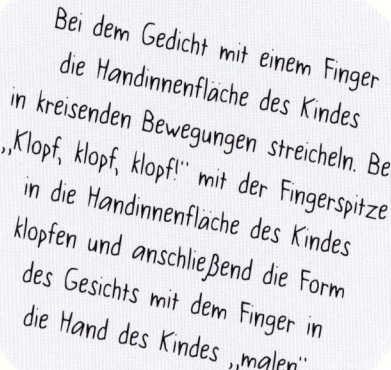

Bei dem Gedicht mit einem Finger die Handinnenfläche des Kindes in kreisenden Bewegungen streicheln. Bei „Klopf, klopf, klopf!" mit der Fingerspitze in die Handinnenfläche des Kindes klopfen und anschließend die Form des Gesichts mit dem Finger in die Hand des Kindes „malen".

Der Weihnachtspunsch

Antonia geht mit ihren Eltern auf den Weihnachtsmarkt. Überall stehen kleine Buden aus Holz. Sie sind geschmückt mit Tannenzweigen und Lichterketten. In den Häuschen stehen Männer und Frauen und verkaufen Kerzen, Schmuck oder etwas zu essen und zu trinken. Vor einer Bude hält Antonia an. Ihre Eltern möchten nämlich einen Weihnachtspunsch trinken.

„Was ist ein Weihnachtspunsch?", fragt Antonia.

„Das ist ein Getränk, aber nur für Erwachsene", sagt ihr Vater.

Da mischt sich die Frau in der Getränkebude ein. „Papperlapapp! Bei mir gibt es Weihnachtspunsch für alle!", ruft sie. Dann lächelt sie Antonia an und sagt: „Du bekommst einen Kinderpunsch!" Und ehe Antonia sich versieht, mixt die Frau ihr einen Punsch aus Orangensaft, Apfelsaft und einer Prise Zimt. Jetzt hat auch Antonia einen Weihnachtspunsch. Und den dürfen nur Kinder trinken!

6 Ob der Nikolaus das Mauseloch findet

Der Nikolausabend ist da. Aufgeregt wuselt das kleine Mäuschen
hin und her. Es fragt Mäusemama, Mäusepapa und Mäusetante:
„Und wenn der Nikolaus unser Mauseloch gar nicht findet?"
„Er wird es schon finden", piepst Mäusetante Minna. „Er weiß doch,
wo die Mäusekinder wohnen."
Trotzdem. Das kleine Mäuschen glaubt nicht so recht daran.
Als es dunkel wird, wartet es in der Nähe des Mauselochs.
Plötzlich hört es draußen ein Poltern und Stapfen.
Dann kullern klitzekleine Äpfel, Nüsse und Zuckersterne
durch das Mauseloch. Vorsichtig lugt das Mäuschen
hinaus. Es kann gerade noch einen Zipfel vom
roten Nikolausmantel sehen. Der Nikolaus
war wirklich da! Und er hat sogar an
die ganze Mäusefamilie gedacht.

Das Lebkuchenhaus

Paul und Oma bauen ein Lebkuchenhaus. Für die Wände nehmen sie vier Kekse und kleben sie mit Zuckerguss zusammen. Und als Dach legt Paul einen Keks obendrauf. Zum Schluss bestreichen sie alle Kekse mit Zuckerguss und kleben viele bunte Süßigkeiten darauf. Jetzt ist das kleine Lebkuchenhaus fertig.

„Aber Oma! Wir haben ja die Tür vergessen!", ruft Paul
plötzlich erschrocken.
Da beginnt Oma zu lächeln. Sie hat nämlich eine Idee.
„Wie wäre es, wenn du die Tür hineinknabberst?", fragt sie.
Das lässt sich Paul nicht zweimal sagen. Lecker!

8 Wenn Gustav nicht gewesen wäre

Der Weihnachtsmann sitzt im Schaukelstuhl und gähnt.
„Bist du auch so müde, Gustav?", fragt er sein Rentier.
Gustav nickt.
„Schlafen wir noch ein Weilchen!", murmelt
der Weihnachtsmann. „Bis Weihnachten
ist noch viel Zeit."

Irgendwann wacht Rentier Gustav auf. Draußen fallen dicke Schneeflocken.

Gustav schnuppert. Na, so was! Das riecht ja nach Weihnachten!

Er stupst den Weihnachtsmann an: „Aufwachen! Wir haben verschlafen!"

In höchster Eile bepackt der Weihnachtsmann den Schlitten.

Dann sausen die beiden los.

Ein Glück! Sie schaffen es gerade noch rechtzeitig, die Geschenke zu verteilen.

„Fröhliche Weihnachten!", ruft der Weihnachtsmann.

„Und du, Gustav, du bekommst heute Abend eine Extraportion Heu!"

9 Der Adventskalender

Drück ich den Finger feste drauf,
dann geht das erste Fenster auf!
Dahinter ist – wie lecker!
Ein Schokoladentrecker!
Am nächsten Tag folgt braun und platt,
ein Schokoladenahornblatt!
Und an Tag drei, das ist kein Scherz,
ist's ein Schokoladenherz.
So geht es weiter, Tag für Tag.
Schokolade, wie ich's mag.
Zum Schluss sind alle Fenster auf,
nur eines ist noch zu.
Da drück ich mit dem Finger drauf
und heraus kommst – Du!

Auch als Kitzelspiel geeignet.
Dabei mit dem Finger auf die einzelnen
„Türchen" am Arm oder Bauch
des Kindes drücken. Beim Schokoladentrecker
und Schokoladenahornblatt
runde Streichelbewegungen. Bei „Du!"
wird gekitzelt.

10 Lukas ist neugierig

Lukas kann nicht einschlafen. Morgen ist Heiligabend und er ist mächtig aufgeregt. Was ihm wohl das Christkind unter den Weihnachtsbaum legt? Er muss es unbedingt herausfinden! Also springt er aus dem Bett und schleicht ins Wohnzimmer. Unter dem Baum sieht er zwei glitzernde Papiertüten. Die eine ist golden, die andere silberfarben. Lukas nimmt die goldene Papiertüte in die Hand. Als er vorsichtig daran drückt, spürt er, dass darin etwas Weiches ist. Lukas fühlt an der silberfarbenen Papiertüte. Sie ist viel kleiner und das, was darin ist, fühlt sich wie ein dicker, kurzer Bleistift an. Lukas ist so aufgeregt, dass sein Herz schneller zu schlagen beginnt. Was mag das sein? Er überlegt.

Wenn er ganz, ganz vorsichtig und sehr, sehr leise ist, merkt bestimmt niemand, dass er … Ganz, ganz vorsichtig und sehr, sehr leise öffnet Lukas die goldene Papiertüte und zieht zwei riesige Wollstrümpfe heraus. Sie sind viel zu groß für ihn. Und so grau wie sie sind, findet er sie außerdem nicht sonderlich schön. Lukas ist enttäuscht.

„Weiß das Christkind denn nicht, dass ich mir einen Fußball gewünscht habe?", denkt er.

Vielleicht hat er beim zweiten Geschenk mehr Glück!

Es ist zwar viel zu klein für einen Fußball. Aber wer weiß? Vielleicht ist es ja ein Fußball, der wie von Zauberhand groß wird, wenn man das Geschenk öffnet! Ganz, ganz vorsichtig und sehr, sehr leise löst Lukas das Klebeband der silbernen Papiertüte und zieht einen Lippenstift heraus.

Lukas versteht: Das sind nicht
die Geschenke für ihn, das sind
die Geschenke für seine Eltern!
Erst jetzt bemerkt er, dass an den
Tüten kleine Schilder hängen.
PAPA steht auf dem Schild, das an
der goldenen Papiertüte baumelt.
Die Strümpfe sind also für ihn! Und
an der kleinen, silbernen Papiertüte
hängt ein Zettel, auf dem in großen
Buchstaben MAMA steht. Der Lippenstift
ist also für sie! Aber wo ist bloß sein Geschenk? Lukas bückt sich und schaut unter
den Weihnachtsbaum. Er entdeckt ein großes, rundes Geschenk. Es ist eingepackt
in buntes Geschenkpapier und darauf steht in großen Buchstaben LUKAS.
„Lukas?", ruft plötzlich eine verschlafene Stimme aus dem Flur.
Das ist Mama! Rasch stopft Lukas die Strümpfe in die kleine, silberne Geschenktüte
und wirft den Lippenstift in die große goldene. Dann flitzt er zurück ins Bett.
Am nächsten Tag wird Lukas von einem sanften Klingeln wach.
Es kommt aus dem Wohnzimmer.
„Lukas, das Christkind war da!", hört er Papas Stimme. Lukas ist sofort hellwach.
Er springt aus dem Bett und rennt ins Wohnzimmer.
„Frohe Weihnachten!", sagen Mama und Papa und drücken ihn feste an sich.
„Frohe Weihnachten!", murmelt Lukas.

Und dann darf er endlich sein Geschenk auspacken. Es ist ein Fußball!
Genau der, den er sich vom Christkind gewünscht hat!
„Seltsam, seltsam!", hört er plötzlich Mamas Stimme. Lukas sieht,
dass sie verwundert zwei große Socken aus der silberfarbenen
Geschenktüte zieht.
„Seltsam, seltsam!", sagt auch Papa und
betrachtet erstaunt den Lippenstift in
seiner Hand. Dann beginnt er zu lächeln.
„Da hat das Christkind wohl unsere
Geschenke verwechselt", sagt er und
zwinkert Mama zu. Mama zwinkert zurück.
Lukas beginnt zu kichern.
Wenn die wüssten!

11 Familie Maus feiert Weihnachten

Familie Maus ist sehr beschäftigt. „In diesem Jahr feiern wir Weihnachten wie die Menschen", sagt Papa Maus und stellt mitten in der Mäusehöhle eine Gurke auf. Er knabbert daran, bis sie aussieht wie ein Weihnachtsbaum.

Mama Maus hängt viele kleine rote Tomaten daran. „Das sind die Christbaumkugeln", sagt sie zu den Mäusekindern.

„Wie schön!", rufen die Mäusekinder und wickeln ein großes Stück Käse in ein Salatblatt ein.

„Was ist denn das?", fragen Mama Maus und Papa Maus verdutzt. „Na, die Geschenke!", rufen die Mäusekinder. „Frohe Weihnachten und guten Appetit!"

12 Die Schneefrau

Greta und Opa wollen einen Schneemann bauen.

„Ich habe eine Idee", sagt Opa. „Wie wäre es mit einer Schneefrau?"

Greta ist begeistert. „Die muss aber viel schöner aussehen als ein Schneemann!"

„Soso", meint Opa. „Aber eine Karottennase muss sein!"

Greta holt zwei Knöpfe aus Mamas Nähkasten. Jetzt hat die Schneefrau wunderhübsche, blaue Augen. Für den Mund nimmt Greta viele bunte Perlchen. Doch das Allertollste ist Mamas großer Strohhut. Kein Wunder, dass die Leute stehen bleiben, um die schöne Schneefrau zu bewundern.

13 Der kleine Bär kann nicht schlafen

Im tiefen Wald hat Mama Bär eine Höhle gefunden und sie weich mit Moos ausgepolstert. Dort will sie mit ihrem Bärenkind den Winter verschlafen. Doch der kleine Bär ist noch nicht müde.

Mama Bär hat eine Idee: „Schau mal,
wie schön es schneit! Willst du nicht mal
die Schneeflocken zählen?"
Der kleine Bär ist begeistert. Doch
Schneeflockenzählen ist gar nicht so einfach.
Immer wirbeln sie durcheinander.
„Eins, zwei, drei, vier, zehn …", murmelt er –
und dann fallen ihm die Augen zu.
Bestimmt träumt der kleine Bär
etwas Schönes: von der Sonne und
den bunten Frühlingswiesen …

14 Ein Wunschzettel für das Christkind

Jasper bittet seine Mama, alle seine Weihnachts-
wünsche auf einen großen Zettel zu schreiben.
Doch mit einem Mal wird er nachdenklich. Vielleicht
kann das Christkind nicht lesen?
Dann kann es ihm ja gar nicht seine Wünsche erfüllen!

Also nimmt Jasper bunte Stifte und beginnt zu malen. Als er damit fertig ist, betrachtet er stolz seinen Wunschzettel. Neben jedem Wort ist nun eine kunterbunte Zeichnung. Das versteht das Christkind bestimmt.

Jasper faltet seinen Wunschzettel und legt ihn vor die Haustür. Jetzt wird ihm das Christkind ganz sicher seine Wünsche erfüllen.

Besuch vom Weihnachtsmann

„Rrrrrrrrrrrrratsch!" macht es und schon plumpst der Weihnachtsmann aus dem Kamin auf den Wohnzimmerteppich. Er steht auf und reibt sich den Kohlenstaub von seinem langen Mantel.

Dann holt er viele Geschenke aus seinem goldenen Sack und legt sie unter den Weihnachtsbaum. Als er damit fertig ist, entdeckt er plötzlich eine große Schale mit Weihnachtsplätzchen auf dem Tisch.

Seine Augen werden groß und größer vor lauter Entzücken. Wie lecker sie aussehen! Er schnuppert. Und wie sie duften!

Der Weihnachtsmann nimmt sich einen kleinen Zimtstern und steckt ihn sich in den Mund. Lecker! Ob der Keks daneben auch so köstlich ist? Und wie wohl die anderen schmecken? Das möchte der Weihnachtsmann unbedingt wissen. Doch, oh je, wo sind sie denn bloß plötzlich alle geblieben? Der Weihnachtsmann hat alle Plätzchen aufgegessen!

„Schnell weg!", denkt er und will sich durch den Kamin aus dem Staub machen. Doch nun ist sein Bauch von den vielen Keksen so rund, dass er nicht mehr durch den Kamin passt! Also geht der Weihnachtsmann ganz leise durch die Haustür nach draußen. Er wundert sich, dass er das noch niemals zuvor gemacht hat. Es ist doch viel angenehmer als sich durch den engen Kamin zu zwängen. Seitdem benutzt der Weihnachtsmann nur noch Türen, um die Geschenke zu den Menschen zu bringen.

Der Weihnachtshase

Draußen schneit es. Otto Osterhase sitzt im Haus und bemalt Eier. Einige bemalt er blau, andere gelb und auf einige malt er kleine rote Punkte.

„Schau mal Mama, alle sind fertig! Jetzt können wir Weihnachten feiern!", ruft Otto stolz. Mama Osterhase schaut erstaunt auf die bunten Eier auf dem Küchentisch.

„Aber Otto, Ostereier gibt es doch nur zu Ostern! In der Weihnachtszeit gibt es Weihnachtsbäume und Weihnachtskugeln", erklärt sie ihm.

Da wird Otto Osterhase traurig. „Kann es in der Weihnachtszeit nicht genauso schön bunt sein wie zu Ostern?", fragt er.

Mama Osterhase überlegt. Dann hat sie eine Idee. „Otto, was hältst du davon, wenn wir zusammen unsere Weihnachtskugeln bemalen?", fragt sie.

„Au ja!", ruft Otto Osterhase begeistert und fängt sofort an. Was für ein Spaß!

17 Das Christkind schmückt die Stadt

Das Christkind kommt in die Stadt. Verwundert schaut es sich um. Nanu? Warum ist es denn so dunkel überall? Und warum sind die Straßen und Häuser gar nicht geschmückt? Das Christkind beginnt leise zu rufen. Wie helle, klingende Glöckchen schallt seine Stimme durch die dunkle Nacht. Mit einem Mal ist der Himmel erfüllt von einem lauten Flattern. Es kommt näher und näher. Schließlich landen unzählige Vögel neben dem Christkind. Es sind Eulen und Amseln und Spatzen und Raben.

Und sogar ein Hahn ist dabei.

„Ihr müsst mir helfen", sagt das Christkind leise und zieht eine lange Lichterkette aus seinem weißen Mantel.

Die Vögel zwitschern und singen und krähen aufgeregt. Dann öffnet einer nach dem anderen seinen Schnabel und das Christkind legt die Lichterkette hinein.

„Husch, husch!", flüstert es und klatscht leise in die Hände.

Da fliegen die Vögel mit der Lichterkette hoch in die Luft und hängen sie an Bäume und Häuser. Nun funkelt und leuchtet es überall.

Das Christkind lacht und ruft: „Danke, ihr lieben Vögel! Jetzt kann Weihnachten kommen!"

 18 Eine große Überraschung

Lilly wundert sich. Kurz vor Weihnachten verhält sich ihr Meerschweinchen Hopsi sehr seltsam. Immer wieder versteckt es sich in seinem kleinen Häuschen im Stall. Dabei macht es piepsende Geräusche. Und ein wenig runder ist es auch geworden.

„Vielleicht hat es zu viel Heu gefressen", überlegt Lilly. „Und die Geräusche macht es bestimmt, weil es wegen Weihnachten so aufgeregt ist!"

Als Lilly am nächsten Morgen aufwacht, ist Heiligabend. Schnell läuft sie zu Hopsi, um ihr davon zu erzählen.

Doch was ist das? Ihr Meerschweinchen ist nicht mehr allein.

Drei winzig kleine Meerschweinchen purzeln quiekend übereinander und umeinander im Futtertrog herum.

Lilly ruft: „Mama, Mama! Es gibt drei Meerschweinchen-Jesuskinder!"

Was für eine Überraschung!

Die Ri-Ra-Rutschpartie

Pippa Pinguin rutscht einen Schneehügel hinab. Huiiiii! Wie das im Bauch kribbelt und krabbelt! Als sie unten ankommt und wieder nach oben klettern möchte, sieht sie plötzlich die kleine Robbe Rudi.

„Hallo Rudi, machst du mit?", fragt sie.

Doch Rudi schüttelt traurig den Kopf. „Ich kann nicht rutschen. Mein Bauch ist nicht glatt genug", sagt er. „Immer wenn ich versuche zu rutschen, kugle ich wie eine Wurst den Hügel hinab."

Pippa Pinguin denkt einen Augenblick nach. Dann hat sie plötzlich eine Idee. „Komm mit!", ruft sie und klettert den Hügel hinauf. Rudi folgt ihr neugierig. Oben angekommen legt Pippa sich auf den Bauch und ruft: „Alle aufsteigen! Die Rutschpartie kann beginnen!"

Das lässt Rudi sich nicht zweimal sagen. Er klettert auf Pippas Rücken und gemeinsam rutschen sie den Schneehügel hinab. Pippa ist überglücklich. Denn zu zweit ist Rutschen ja noch viel schöner als alleine.

Viele, viele Sternenkekse

„Heute backen wir viele Plätzchen, damit die Weihnachtsteller
der Kinder gut gefüllt sind", sagt das Christkind zum kleinen Engel.
„Au ja!", ruft der kleine Engel begeistert.
Er holt Butter, Zucker, Eier, Milch
und Mehl herbei.
Daraus machen sie den Teig.
Den rollt das Christkind
mit einem großen
Nudelholz platt.

Jetzt müssen sie nur noch mit einem Förmchen Sterne daraus ausstechen und im Ofen backen. Doch was ist das? Das Ausstechförmchen ist verschwunden!

„Kleiner Engel, hast du es vielleicht versteckt?", fragt das Christkind streng.

Der kleine Engel schüttelt den Kopf. Dabei fällt ein Stern von seiner Krone und landet mitten im Teig.

Da hat das Christkind eine Idee. „Kleiner Engel, wir stechen die Plätzchen damit aus!", ruft es.

Und so machen sie es dann auch.

21 Spaziergang im Schnee

Über Nacht hat es geschneit. Der Garten liegt unter einer weißen Decke. Die kleinen Katzen schauen aus dem Fenster. Sie haben noch nie Schnee gesehen.

„Kommt, wir gehen ein wenig hinaus", maunzt die Katzenmutter.

„Es ist nicht gut, immer nur im Warmen zu sitzen."

Die kleinen Katzen wollen nicht so recht. Der Schnee sieht so nass und kalt aus. „Passt auf: Ich laufe voraus, und ihr tretet einfach in meine Spuren", schlägt die Katzenmutter vor.

Eigentlich ganz lustig, finden die Kätzchen und tapsen hinterher.

Erst als die Pfoten zu kalt werden, schlüpfen alle drei wieder ins Haus und legen sich vor den warmen Ofen.

„Der Winter ist schön …", schnurren die kleinen Katzen.

Hilfe für den Weihnachtsmann

„Öh-öh!", hustet das Rentier. Dann macht es „Pffffffft!" und schnäuzt sich mit einem großen Taschentuch seine dicke Nase.

„Du bist krank, armes Rentier", sagt der Weihnachtsmann und streichelt ihm über den Kopf. „Jetzt brauche ich jemanden, der dich vertritt. Jemanden, der stark genug ist, um den großen Schlitten mit den Geschenken zu ziehen."

Also besucht der Weihnachtsmann
den Elefanten, um ihn zu fragen,
ob er das Rentier vertreten kann.
Doch der Elefant ist viel zu langsam.

Also geht der Weihnachtsmann
zum Esel. Doch der Esel will nicht.

Also geht der Weihnachtsmann zum Hund.
Doch der Hund ist nicht stark genug.

Der Weihnachtsmann beginnt zu weinen: „Was wird jetzt nur aus Weihnachten?"
Da kommt die Schneeeule geflogen. „Warum weinst du,
lieber Weihnachtsmann?", fragt sie.

Da erzählt ihr der Weihnachtsmann von seinem
Kummer. „Das Rentier ist krank und niemand kann
stattdessen den Schlitten mit den Geschenken ziehen.
Wenn ich den Kindern nicht pünktlich ihre
Geschenke bringe, sind sie sicherlich ganz traurig!",
schluchzt er.
„Weine nicht!", sagt die Schneeeule und streichelt
dem Weihnachtsmann mit ihrem Flügel über den Kopf.
„Ich helfe dir!" Die Schneeeule stößt einen gurrenden Laut aus.

Da kommen plötzlich viele Tiere aus dem Wald. Füchse und Rehe und Hasen und sogar ein Hirsch ist dabei. Gemeinsam ziehen sie den Schlitten des Weihnachtsmanns und bringen die Geschenke zu den Kindern. Jetzt kann es doch noch Weihnachten werden.

Der perfekt geschmückte Weihnachtsbaum

Der kleine Bär Linus und sein Kuschelhund Benny kaufen
mit Papabär einen Weihnachtsbaum. Den tragen sie bis zu
ihrer Wohnung am Ende der Straße. Puh ist der schwer!
Dann hängen sie Lametta und Weihnachtskugeln daran.
Und zum Schluss wickeln sie eine lange Lichterkette mit vielen
bunten Lämpchen drumherum. Oh, wie schön der Baum
leuchtet und glitzert! Aber fehlt da nicht doch noch was?
Na klar! Linus stellt sich auf einen Stuhl und setzt Benny
auf die Spitze des Baums.

Mit seinem Kuschelhund ist es
nun der schönste Weihnachtsbaum
auf der ganzen Welt.

24 Bescherung im Wald

Wieder einmal hat das Christkind es geschafft.
Alle Weihnachtsbäume sind geschmückt und alle
Geschenke verteilt. Fast alle.

Das Christkind hat auch an die Tiere im Wald gedacht.
Die müssen sich mühsam ihr Futter im Schnee suchen.
Auch an Weihnachten. Das Christkind fliegt in den Wald
und wählt ein besonders schönes Bäumchen aus.

Im Nu ist es geschmückt mit Äpfeln, Karotten, Nüssen
und Lebkuchen.

Neugierig kommen schon die ersten Tiere herbei.
Ein leiser Wind weht durch den Wald und zwischen
den Bäumen flüstert es: „Frohe Weihnachten
euch allen!"

In der Stadt gibt es viel zu entdecken!

Sandra Reckers
**Mein allererstes Wimmelbuch:
In der Stadt**

16 Seiten · Pappbilderbuch
ISBN 978-3-480-23492-9

Mit Max und Mia geht es heute in die Stadt! Auf ihrer Entdeckungstour mit Mama über den Markt, im Park, im großen Kaufhaus und natürlich auch an einer Baustelle vorbei können kleine Betrachter die beiden durch die Stadt begleiten: Mit den Suchaufgaben auf jeder Seite und den vielen spannenden und lustigen Details gibt es jede Menge zu entdecken!

Wimmelbuch-Spaß für die Kleinsten

Christine Kugler
**Mein allererstes Wimmelbuch:
Durch den Tag**

16 Seiten · Pappbilderbuch
ISBN 978-3-480-23300-7

Auf jeder Seite kann man Max und Mia finden. Schon morgens auf dem Weg zum Kindergarten gibt es so viel zu entdecken! Und Mias Teddy ist natürlich mit dabei. Aber wo steckt er bloß immer? Die Wimmelbilder werden von einfachen Suchaufgaben begleitet – ein allererster Wimmelspaß für kleine Entdecker! Augen auf und los!

www.esslinger-verlag.de